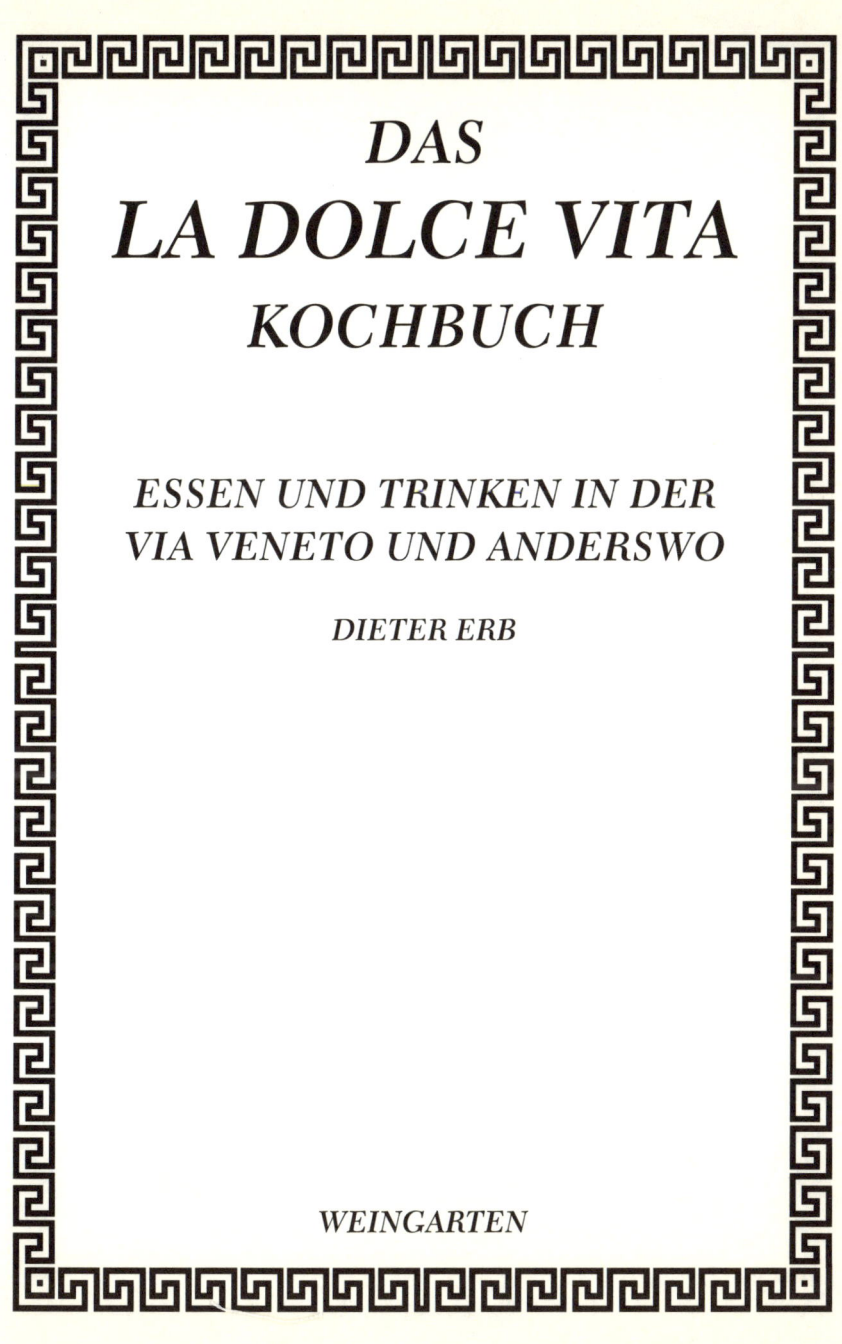

DAS
LA DOLCE VITA
KOCHBUCH

ESSEN UND TRINKEN IN DER
VIA VENETO UND ANDERSWO

DIETER ERB

WEINGARTEN

In dieser Reihe ebenfalls erschienen:
Das CASABLANCA Kochbuch
Das VOM WINDE VERWEHT Kochbuch

Die Deutsche Bibliothek – CIP-Einheitsaufnahme

Erb, Dieter: Das La-Dolce-Vita-Kochbuch; Essen und Trinken in der Via Veneto und anderswo/Dieter Erb.–Weingarten: Kunstverl. Weingarten, 1994
ISBN 3–8170–0023–5

Für die freundliche Genehmigung zum Abdruck der Fotos aus LA DOLCE VITA dankt der Verlag dem Deutschen Institut für Filmkunde (DIF), Frankfurt/Main.

© 1994 by Kunstverlag Weingarten GmbH, Weingarten
Satz: Fotosatz F. Riedmayer GmbH, Weingarten
Reproduktion: repro-team gmbh, Weingarten
Gesamtherstellung: Druckerei Ernst Uhl, Radolfzell
Printed in Germany
ISBN 3-8170-0023-5

INHALT

EINSTIMMUNG

„Angeklagt wegen Beteiligung bei ‚obszönen Akten an öffentlichen Orten' sind zwei römische Fürsten, ein Marquis, ein Journalist und zwei Mitglieder einer Jazzband.
Hauptakteurin war eine türkische Bauchtänzerin, die sich während eines wilden Tanzes ihrer Kleider entledigte. Nach ihr am aktivsten war die schwedische Filmschauspielerin Anita Ekberg. In Fellinis Film LA DOLCE VITA erhielt der angebliche ‚schwedische Eisberg' Gelegenheit, seinen Cha-Cha-Cha nochmals vor einem breiteren Publikum vorzuführen."
Die Presse, Wien, 19.2.1960

Als Federico Fellini 1959 in LA DOLCE VITA Innenansichten des Treibens der römischen „Coffee society" darbot, war das Entsetzen groß, vor allem bei den italienischen Konservativen, dem Adel – obwohl einige prominente Mitglieder Nebenrollen übernommen hatten – und dem Klerus. Zwar hatte Fellini beteuert: „Mein Film ist keusch", doch erwies sich sein offener Blick auf die Spiele der Reichen und Schönen als äußerst provokativ. Diese Spiele mochte es auch in anderen Metropolen geben, der Hintergrund der Ewigen, der Heiligen Stadt gab dem Film einen sehr speziellen Reiz - sie entpuppte sich auch als Sündige Stadt.
Der Film entlarvte „das süße Leben" einer Clique als unproduktivste Schwerstarbeit. Die Floskel LA DOLCE VITA wurde zum Synonym für fragwürdiges Leben, das in Bitternis und Enttäuschung mündet. Typisch dafür Marcello Rubini, der hoffnungsvolle Journalist, der auf einen geistig-moralischen Abgrund zusteuert.

Nach vielen Jahren ist die Redewendung LA DOLCE VITA kaum mehr als ein Synonym für sorgenfreies Leben, für Urlaub unter Sonne und ausgelassenes Disco-, Bistro- und Szenetreiben. Und dazu gehört – mediterranes – Essen. Daher bietet dieses Buch bekanntere und weniger bekannte Rezepte, vorwiegend aus der römischen Küche, der Küche des Latium. Sie werden ergänzt durch einige nicht ganz klassische Rezepte wie „Kalbsfüße Fellini", „Artischocken Nadja", „Schwertfisch nach Art von Ostia", „Kaninchen Marcello Mastroianni" und „Entenbrüstchen Anita Ekberg".

Die Mengenangaben gelten für
1 Drink
oder – sofern nicht anders
angegeben – für
4 Portionen

WEIN UND KÄSE

Die Weine des Latium

Die Weine aus den Anbaugebieten um Rom sind frisch und von leichter, fruchtiger Säure. Daher gelten sie als gute Speisebegleiter; sie unterstützen den Geschmack von Gerichten, sie überdecken ihn nicht. Sie sind „Tafelweine" im besten Sinn.

Der bekannteste dieser Weine ist der „Frascati" (für den sich wohl Marcello entscheiden würde), ein Weißwein aus den Albaner Bergen, den Colli Albani. Genauer gehört er zu den Weinen der Castelli Romani, das sind leichte Weiß- und Rotweine, die jung getrunken werden.

Unter den Rotweinen werden die aus der Region um Aprília bevorzugt.

PROSTITUIERTE: *„Ich hab' einen Vetter, aber der ist in Velletri wegen einer Ermittlung ..."*

Auch der Wein aus Velletri ist ein angenehmer Tischwein.

Käse

Der bekannteste italienische Käse ist der Parmigiano - der Parmesan. Er gibt oder verstärkt den Geschmack der meisten Pasta- und vieler anderer Gerichte. Lange gereifter Parmesan entwickelt seine volle Würze aber nur, wenn er frisch gerieben wird.

Wesentlich pikanter ist der Pecorino, vor allem der Pecorino Romano, der deftigen Gerichten und manchem kräftigen Sugo zusätzlich Pfeffer gibt, da er gelegentlich Pfefferkörner enthält.

Der beste Mozzarella – der mit dem Zusatz „di bufala" – wird aus Wasserbüffelmilch gewonnen. Im Vergleich zum handelsüblichen aus Kuhmilch ist er relativ teuer, aber das gilt auch für die Spitzenqualitäten der anderen Sorten. Als „Mozzarella all' origano" machte er Bistrokarriere, am besten kommt er als cremig zerschmolzener Bestandteil von Pizzabelägen zur Geltung.

Auch Gorgonzola hat die Bistros erobert – vor allem auf Brokkoli gehen Ströme der Gorgonzola-Sahnesauce nieder. Doch gehört dieser Blauschimmelkäse neben dem Bel Paese, einem eher milden Schnittkäse, auf jede italienische Käseplatte, zumal, wenn sie anstelle von Süßspeisen ein Essen abschließt. Dabei sollte auch junger, relativ milder Parmesan oder Provolone mit seiner beachtlichen altersbedingten Geschmackspalette nicht fehlen.

Typisch für die italienische Küche sind noch der milde, cremige Ricotta und der Mascarpone, der vor allem in charakteristischen Süßspeisen Verwendung findet.

DER EINSTIEG
IN DEN TAG

Marcello Rubini, der frühe und ernsthaftere Kollege der heutigen Sensationsreporter, wird seinen Tag nicht mit Champagnerdrinks beginnen, sondern vermutlich mit

Caffè con latte

In einer großen Tasse heißen Kaffee mit heißer Milch aufgießen. Mischungsverhältnis je nach Restmüdigkeit.

Sollte er – eher zufällig – mit seiner Verlobten Emma frühstücken, wird er sich wohl überreden lassen zu

Pane, burro e marmellata

In einem Brotkörbchen nicht zu dünne Scheiben Weißbrot (wenn möglich vom italienischen Lebensmittelhändler) und/oder Baguette sowie zwei oder drei Croissants arrangieren. Dazu Butter und Marmelade, am besten eine Orangen- oder Zitronenkonfitüre (ebenfalls vom Italiener).

Auf dem Weg zum Arbeitsplatz, sei es Redaktion oder Promitreff, wird er sich nicht nehmen lassen, in seiner Lieblingsbar einen „Cappuccino" zu bestellen – er weiß, daß man den zu Hause nur mit besten Kaffeemaschinen gut zubereiten kann. Und wer hat schon eine?
Oder er trinkt als Einstiegsdroge auf die Schnelle einen „Caffè Amaretto", einen starken Schwarzen mit einem Schuß Amaretto.

VERFÜHRERISCHES VOR DEM ESSEN

„Du bist schön, du bist der Schönste von allen, du bist wunderschön."
Emma am Telefon zu Marcello

Die Wartezeit aufs Essen kann ein Glas Prosecco, ein leichter Schaumwein, überbrücken.
Als Modedrink eignet sich vortrefflich ein

Prosecco Royal

1 Schuß Crème de Cassis (nach Geschmack) in ein Sektglas geben; mit gekühltem Prosecco aufgießen.

Andere Möglichkeiten sind:

Cinzano „Marcello"

2 cl Cinzano rosso
1 cl Cointreau
1 Spritzer Angostura
Mineralwasser

In einem mit Eis gefüllten Glas den Cinzano und den Cointreau kurz rühren. In ein Cocktailglas abseihen; einen Spritzer Angostura dazugeben und mit Mineralwasser – mehr oder weniger nach Wunsch – aufgießen.

Campari Soda

1 cl Campari
1/4 Orangenscheibe
Mineralwasser

Campari auf die Orangenscheibe gießen und mit Mineralwasser auffüllen. Die Getränke sollten gut gekühlt sein.

Campari Orange

1 cl Campari
1/4 Orangenscheibe
Orangensaft

Campari auf die Orangenscheibe gießen und mit Orangensaft auffüllen. Beide Getränke sollten gut gekühlt sein.

Dry Martini

1 cl Martini
4 cl Gin
1 Olive

In einem mit Eis gefüllten Glas den Martini und den Gin kurz rühren. In ein Cocktailglas abseihen. Mit einer Olive servieren.

VATER ZU MARCELLO: „Dreihundertdreißig Lire? ...Wofür?"
MARCELLO: „Einen Gin Fizz!"

Gin Fizz

4 cl Gin
1 Barlöffel – 1/2 Teelöffel Zuckersirup
Saft einer mittelgroßen Zitrone
Mineralwasser

Mixbecher zur Hälfte mit zerkleinertem Eis füllen; Gin, Sirup und Zitronensaft 2 Minuten kräftig schütteln. In einen mittelgroßen Tumbler abseihen. Mit Mineralwasser auffüllen. Mit Strohhalm servieren.

EMMA (am Telefon): „Du bist schön, du bist der Schönste von allen, du bist wunderschön."

Daraufhin gönnt sich Marcello einen

Adonis Cocktail

2 cl Cinzano rosso
1 cl trockener Sherry
Angostura
Mineralwasser

In einem mit Eis gefüllten Glas den Cinzano und den Sherry kurz rühren. In ein Cocktailglas abseihen; einen Spritzer Angostura und etwas Mineralwasser dazugeben.

ANTIPASTI
VORSPEISEN

„Knoblauch! Ich rieche Knoblauch! Wundervoll!"
Giusi, die Flatterhafte voller Eßvergnügen.

Bruschetta
Knoblauchbrot

8 Scheiben Bauernbrot
2 oder mehr zerdrückte Knoblauchzehen
Olivenöl, Salz, Pfeffer

Das helle Bauernbrot (besser: original italienisches Weißbrot) goldbraun rösten, mit den zerdrückten Knoblauchzehen bestreichen,
leicht salzen, mit Olivenöl beträufeln und mit Pfeffer aus der Mühle
würzen. Möglichst heiß servieren.

Prosciutto e melone
Schinken mit Melone

8 Scheiben Honigmelone
16 Scheiben Parmaschinken

Ein Klassiker im internationalen Rom:
Acht Scheiben Parmaschinken in der Mitte eines flachen Tellers
dekorativ anordnen. Die geschälten und von Fasern und Kernen
befreiten Melonenscheiben mit dem restlichen Schinken umwik-
keln und auf dem Teller verteilen.

Mozzarella all'origano
Mozzarella mit Oregano

125 g Mozzarella
2 große Fleischtomaten
1 Teelöffel gerebelter Oregano oder
2 Zweige frischer, kleingezupfter Oregano
Salz
Pfeffer
Olivenöl
frisches Basilikum

Die Tomaten in Scheiben oder Achtel schneiden, Kerne entfernen und auf einem flachen Teller anordnen. Mozzarella in Scheiben schneiden (gegebenenfalls nochmals halbieren) und auf den Tomaten verteilen. Oregano darüberstreuen, mit Salz und Pfeffer würzen und mit Olivenöl beträufeln. Mit frischen Basilikumblättern garnieren.

Crostini alla romana
Sardellentoast

8 Scheiben Bauernbrot
4 Sardellen
10 g Butter
8 Scheiben Mozzarella

Die gewässerten Sardellen kleinhacken. In einer Pfanne die Butter erhitzen, die Sardellen darin dünsten und beim Umrühren zu einer streichfähigen Masse verarbeiten. Das helle Bauernbrot (am besten original italienisches Weißbrot) damit bestreichen, mit je einer Scheibe Mozzarella belegen und im heißen Ofen überbacken, bis der Käse schmilzt.

Insalata mista
Gemischter Salat

Salate der Saison (möglichst auch Romana und Radicchio)
Tomatenachtel
Gurkenscheiben
Zwiebelringe
Für das Dressing:
Olivenöl
Weinessig
Knoblauch, gehackt
Sardellen, gehackt
Kapern
Salz
Pfeffer
frische Kräuter (z.B. Oregano) nach Belieben
Baguette

Die Salate mit den Tomatenachteln, den Gurkenscheiben und den Zwiebelringen in einer großen Schüssel anrichten.

Aus den anderen Zutaten ein Dressing anrühren; den Salat mit dem Dressing beträufeln, umrühren und kurz durchziehen lassen. Mit Baguette servieren.

Diesen Salat kann man durch Hinzufügen von – nach Belieben – zerkleinertem Thunfisch aus der Dose, Eierachteln, Oliven sowie Käse- und Schinkenstreifen zum leichten Hauptgericht ausbauen.

Steiner, der solide Familienvater in flippiger Umgebung, wird wohl auf der Terrasse seines Anwesens gern eine Auswahl von Vorspeisen zu sich genommen haben. Auch sie könnte ein leichtes Hauptgericht sein.

Antipasti „Steiner"

Einige Blätter Kopfsalat
einige Scheiben Parmaschinken
einige Scheiben Mortadella di Bologna
einige Scheiben Salami
soweit erhältlich weitere italienische Wurstspezialitäten
Für die Garnitur:
Radieschen, Gurken, Tomaten, Eier,
Artischokenherzen, grüne und schwarze Oliven
und milde Peperoni

Eine große Platte mit den Salatblättern belegen. Darauf die Schinken- und Wurstscheiben anrichten. Mit Radieschen, Gurkenscheiben, Tomaten- und Eierachteln, Artischockenherzen, Oliven und Peperoni garnieren. Mit verschiedenen Brotsorten und am besten einem Frascati servieren.

MINESTRE
SUPPEN

„Vittorio! Du mußt mir unbedingt das Rezept von deiner Fischsuppe geben!"

Giusi, die Flatterhafte mit dem Eßtick.

Zuppa di pesce „Vittorio"
Fischsuppe „Vittorio"

800 g gemischte Fische, küchenfertig vom Händler
1 Gemüsezwiebel, in Scheiben geschnitten
2 Stangen Sellerie
250 g Tomaten, gehäutet und gewürfelt
2 durchgedrückte Knoblauchzehen
1 Lorbeerblatt
3 Eßlöffel Olivenöl
1/4 Liter Frascati
1 Schuß trockener Wermut
Salz
Pfeffer
Cayennepfeffer
geröstete Weißbrotscheiben

Die Fischstücke waschen und mundgerecht zerteilen.
Einen Eßlöffel Öl in eine ofenfeste Kasserolle geben. Fischstücke, Zwiebelscheiben, den geschälten und gewürfelten Sellerie, die Tomatenwürfel sowie den Knoblauch und das Lorbeerblatt in die Kasserolle geben. Mit Salz, weißem oder nach Belieben schwarzem Pfeffer aus der Mühle und – nicht zu ängstlich – mit Cayennepfeffer würzen. Mit dem restlichen Olivenöl beträufeln, mit Wein,

Wermut und Wasser so auffüllen, daß die Fischstücke knapp bedeckt sind. Bei milder Hitze im vorgeheizten Ofen (etwa 100°C) etwa 1 Stunde garen. Die Fischstücke herausnehmen. Den Sud durch ein Sieb abgießen; die Gemüse leicht auspressen. Gegebenenfalls die Suppe nachwürzen und mit etwas Wermut abschmekken. Die gerösteten Weißbrotscheiben in eine Suppenterrine geben; die Suppe darübergießen und getrennt zum Fisch servieren.

Brodetto alla romana
Lammsuppe mit Zitrone und Ei

1 Lammknochen
Suppengemüse
1 Eßlöffel Olivenöl
1 nelkengespickte Zwiebel
3 Knoblauchzehen
1 Lorbeerblatt
500 g Lammfleich
3 Eßlöffel Olivenöl
Saft von einer Zitrone
2 oder 3 Eigelb
Salz
Pfeffer
einige Estragonblätter

Den Lammknochen und das Suppengemüse in Olivenöl kurz anrösten. Die gespickte Zwiebel, die Knoblauchzehen und das Lorbeerblatt dazugeben, mit 1 Liter Wasser aufgießen und 1 Stunde kochen. Absieben. Zwiebel und Lorbeerblatt herausnehmen. Das Lammfleisch in kleine Würfel schneiden und in 3 Eßlöffel Olivenöl anbraten. Mit der Brühe ablöschen. Mit Salz und Pfeffer würzen. Den Zitronensaft und die Eigelbe schaumig rühren und in die leicht abgekühlte Suppe geben. Abschmecken und servieren.Nach Belieben die Suppe im Teller mit einigen frischen, zerzupften Estragonblättchen bestreuen. Andere Gewürzkräuter eignen sich weniger.

Minestrone abruzzese
Gemüsesuppe aus den Abruzzen

300 g durchwachsener Schweinebauch
20 g Speck
2 Knoblauchzehen, gehackt
4–5 Zweige Petersilie
1 Zwiebel, gehackt
2–3 Peperoncini, kleingehackt
2 Karotten, gewürfelt
1 Stange Sellerie, gewürfelt
3 Kartoffeln, gewürfelt
1/2 Stange Lauch, in Scheiben geschnitten
1/2 Weißkohl, in feine Streifen geschnitten
100 g weiße Bohnen, vorgekocht
100 g Makkaroni, in kleine Stücke gebrochen
2 Eßlöffel Öl
Parmesan oder Pecorino
Salz

Eigentlich verlangt das Gericht einen gekochten, entbeinten und zerteilten Schweinekopf. Durchwachsener Schweinebauch ist ein hinlänglicher Ersatz.

Den Schweinebauch in Salzwasser 1/2 Stunde kochen; herausnehmen, die Schwarte und gegebenenfalls einen Teil des Fetts entfernen. Die Schwarte in kleine Würfel schneiden und mit dem gewürfelten Speck, der Zwiebel, dem Knoblauch, den Peperoncini und den zerzupften Petersilieblättchen in Öl leicht Farbe nehmen lassen. Mit der abgeschäumten Brühe ablöschen. Die Gemüse dazugeben, wenn nötig noch etwas Wasser dazugießen, aufkochen und 1/2 Stunde köcheln lassen. Die Nudeln in die Suppe geben und weiterköcheln, bis sie gar sind. Reichlich Parmesan oder Pecorino unterrühren und noch kurz ziehen lassen.

Ravioli „Emma" in brodo
Ravioli „Emma" in Fleischbrühe

Pastateig (siehe Seite 29), in 4 Rechtecke ausgerollt
150 g Ricotta
200 g Krabben, küchenfertig
2 Fleischtomaten, gehäutet, entkernt und gewürfelt
2–3 Peperoncini, gehackt
2 Knoblauchzehen, gehackt
150 g Mozzarella
frisches Basilikum
Salz
3 Eßlöffel Olivenöl
1 Liter Fleischbrühe
Pecorino

Die Ravioli sollten eine Seitenlänge von etwa 5 cm haben. In die Mitte der später auszustechenden Teigtaschen etwas Ricotta geben, darauf 1 bis 2 Krabben. Knoblauch und Peperoncini im Öl kurz andünsten, die Tomaten hinzufügen, leicht salzen und weiterdünsten, bis die Tomaten zerfallen. Die Masse in kleinen Portionen auf die Krabben geben, mit kleinen Mozzarellawürfeln belegen und mit etwas kleingezupftem Basilikum bestreuen. Das zweite der vorbereiteten Teigrechtecke paßgenau so über das erste legen, daß durch Andrücken zwischen den Portionen der Füllung Teigtaschen entstehen. Diese Ravioli mit Ausstechform, Teigrädchen oder einem scharfen Messer ausstechen; die Ränder gut festdrücken. Mindestens eine halbe Stunde ruhen lassen. Dann in leicht siedender Fleischbrühe 6–7 Minuten garziehen lassen. In Tellern anrichten, mit etwas Fleischbrühe begießen und großzügig mit frisch geriebenem Pecorino bestreuen.

Stracciatella alla romana
Fleischbrühe mit Eier-Käse-Einlauf

1 Liter Fleischbrühe
3 Eier
3–4 Eßlöffel geriebener Parmesan
Salz
Muskat

Die Fleischbrühe zum Kochen bringen. Die restlichen Zutaten verquirlen und unter Rühren mit dem Schneebesen langsam in die Suppe einlaufen lassen. Kurz weiterkochen, dann heiß servieren. Die klassische römische Suppe!

VERDURE
GEMÜSE

„Sie ist eine Königin des ‚Süßen Lebens'. Ihre Karriere besteht aus Skandalen."
Federico Fellini über Anita Ekberg.

Die junge Paola, das einzige Unschuldslamm des Films, erzählt Marcello, sie habe ein Auto mit dem Kennzeichen von Perugia gesehen und sei krank vor Heimweh nach ihrer Heimatstadt. Vielleicht kann sie sich trösten mit:

Carciofi alla Perugina
Artischocken nach Art von Perugia

12 junge Artischocken
Zitronensaft
50 g Butter
Salz
Pfeffer

Die Artischocken fast ganz entstielen und sorgfältig von harten Außenblättern und Blattspitzen befreien. Sofort mit Zitronensaft beträufeln, um das Anlaufen der Schnittstellen zu verhindern. Salzen, Pfeffern und in der heißen Butter 6–7 Minuten sanft schmoren. In einem Sugo fertig garen, der mit schwarzen Oliven angereichert ist. Das kann der Sugo für „Spaghetti alla puttanesca" (siehe Seite 32) sein, bei dem man die Sardellen durch 2–3 Eßlöffel Schinkenwürfel ersetzt.

Carciofi „Nadja"
Artischocken „Nadja"

12 junge Artischocken
Zitronensaft
3 Eßlöffel Olivenöl
Salz
Pfeffer
Bechamelsauce
Tomatenmark
Kapern, gehackt

Die Artischocken wie die „Carciofi alla Perugina" (siehe Seite 25) vorbereiten. Statt in Butter in 3 Eßlöffel Olivenöl bei milder Hitze 10–12 Minuten garen. Mit Bechamelsauce (Fertigpackung), die mit etwas Tomatenmark und einigen gehackten Kapern aromatisiert wird, servieren.

Carciofi alla romana
Artischocken auf römische Art

8 Artischocken
Zitronensaft
2 Knoblauchzehen, gehackt
50 g Weißbrotkrume
3 Eßlöffel Olivenöl
Minze, gehackt
Salz
Pfeffer

Die Artischocken sorgfältig von allen harten Außenblättern und Blattspitzen befreien. Die Blätter auseinanderdrücken, das Heu entfernen. Alle Schnittstellen sofort mit Zitronensaft beträufeln. Aus den übrigen Zutaten eine Farce kneten, zwischen die Blätter drücken und diese wieder leicht zusammenpressen. Das Gemüse mit den Stielen nach oben in eine ofenfeste Kasserolle geben. Etwa 1/2 Liter Wasser angießen. Die Kasserolle mit Alufolie und Deckel gut verschließen und im vorgeheizten Ofen bei 250°C 1 Stunde garen. Heiß oder kalt servieren.

Melanzane e pomodoro
Auberginen mit Tomatenpüree

2 mittelgroße Auberginen
5 Eßlöffel Olivenöl
2 Fleischtomaten, gehäutet, entkernt und gewürfelt
2 Knoblauchzehen, gehackt
frisches Basilikum
Salz
Pfeffer

Die Auberginen in 1 cm dicke Scheiben schneiden, salzen und in einem schrägstehenden tiefen Teller 1 Stunde Saft ziehen lassen. Mit Wasser abspülen und trockentupfen. In einer großen Pfanne mit 4 Eßlöffel Olivenöl in 10–12 Minuten weichdünsten. Auf vorgewärmten Tellern anrichten und warmhalten. Die Tomatenwürfel mit Knoblauch und Basilikum in 1 Eßlöffel Olivenöl dünsten, bis sie sich mit einem Holzlöffel zu Püree zerdrücken lassen. Salzen, pfeffern und auf die Auberginenscheiben streichen.
Variante: Mit je einer Scheibe Mozzarella überbacken eignen sich die Auberginenscheiben als Beilage zum „Fagiano ‚Fontana di Trevi'" (siehe Seite 59).
Auf dieselbe Art können Zucchini zubereitet werden.

PAST'ASCIUTTE
TEIGWAREN

Die meisten Teigwaren, die man für italienische Gerichte benötigt, gibt es in guter und oft vorzüglicher Qualität im Handel. In den meisten Kühltheken der Händler findet man Ravioli, Tortelloni und Tortellini mit den verschiedensten Füllungen.

Pasta

Beim Grundrezept für Pasta geht man davon aus, daß man pro Person folgende Zutaten benötigt:

100 g Weizenmehl
1 frisches Ei
1 Prise Salz

Das Mehl auf ein Küchenbrett häufen, Ei und Salz in eine Mulde geben. Ei und Mehl langsam und stetig ineinanderarbeiten. Dann den Teig etwa 10 Minuten kräftig mit den Handballen kneten, so daß keine Mehlklümpchen zurückbleiben. Die entstehende Teigkugel 5 Minuten unter einem Küchentuch ruhen lassen.

Man kann nun den Teig auf einer bemehlten Arbeitsfläche mit einem bemehlten Nudelholz ausrollen – was mühsam ist und einige technische Tricks erfordert.

Einfacher ist es, den Teig portionsweise durch eine Nudelmaschine zu drehen, mit der man breite Teigplatten für Ravioli und ähnliche Gerichte ebenso ausrollen kann wie die Nudelbänder für Fettuccine.

Wer die Pasta, die leicht trocken und brüchig werden kann, nicht sofort weiter verarbeitet, sollte sie mit etwas Olivenöl bestreichen und mit Alufolie abdecken. Frisch zubereitete Pasta ist nach 3–5 Minuten in kochendem Salzwasser gar.

Spaghetti cacio e pepe
Spaghetti mit Käse und Pfeffer

400 g Spaghetti
Salz
300 g Pecorino
1 Eßlöffel Olivenöl
schwarzer Pfeffer, grob geschrotet

Die Spaghetti nach Vorschrift in Salzwasser garen. In einer vorgewärmten Schüssel mit dem frisch geriebenen Käse, dem Öl und dem Pfeffer vermischen und sofort servieren. Dies ist die einfachste Art, Spaghetti zu servieren.

Spaghetti aglio e olio
Spaghetti mit Knoblauch und Öl

400 g Spaghetti
Salz
0,2 Liter Olivenöl
5 Knoblauchzehen, geschält, nach Geschmack mehr
schwarzer Pfeffer, grob geschrotet
Petersilie, gehackt, nach Belieben

Die Spaghetti nach Vorschrift in Salzwasser garen. Die Knoblauchzehen in feine Scheiben schneiden, bei sehr milder Hitze im Öl glasig dünsten. Die Spaghetti in einer vorgewärmten Schüssel mit dem Öl, dem Knoblauch und dem Pfeffer vermischen und sofort servieren. Wer's nicht so scharf mag, entfernt die Knoblauchzehen aus dem Öl, bevor es mit den Spaghetti vermischt wird.
Die kleinen, äußerst scharfen Peperoncini, die in der abruzzischen Küche viel verwendet werden, heißen dort „Diavoletti". Verwendet man sie im vorhergehenden Rezept, nennt man das Gericht „Spaghetti aglio, olio e peperoncini" (Spaghetti mit Knoblauch, Öl und Peperoncini) oder treffender:

Spaghetti Diavolo
Teufelsspaghetti

Die Peperoncini – zwei dürften reichen – längs halbieren, je nach gewünschtem Schärfegrad entkernen (die Schärfe bestimmen die Kerne) und quer in kleine Stücke schneiden. 5 Minuten vor dem Knoblauch in das mild erhitzte Öl geben, dann wie oben verfahren, allerdings auf den schwarzen Pfeffer verzichten. Nach Belieben mehr Petersilie nehmen.

Liebhaber extremer Schärfe können den Anteil an Peperoncini erhöhen. Dann werden aus „Spaghetti Diavolo" „Spaghetti Paparazzo", in Erinnerung an Marcellos Adlatus, den Fotoreporter, der ständig scharf auf scharfe Schnappschüsse ist.

Milder ist dieser Klassiker der römischen Küche:

Spaghetti alla carbonara
Spaghetti nach Köhlerart

400 g Spaghetti
Salz
3 frische Eier
40 g Parmesan, gerieben
0,2 Liter Sahne
Pfeffer
Muskat
100 g durchwachsener Speck
1 Eßlöffel Olivenöl

Spaghetti nach Vorschrift in Salzwasser garen. Eier, Käse und Sahne mit den Gewürzen leicht schlagen. Den gewürfelten Speck in Olivenöl anbraten. Die sehr heißen Spaghetti in eine vorgewärmte Schüssel geben. Die Eiermischung unterheben, den Speck dazugeben und nochmals durchmischen. Sofort servieren.

Spaghetti alla puttanesca
Spaghetti nach Hurenart

könnten von besonderer ironischer Bedeutung für den Film sein.

400 g Spaghetti
Salz
400 g Tomaten, gehäutet, entkernt und gewürfelt
0,1 Liter Olivenöl
150 g schwarze Oliven, entkernt
4–5 Sardellen, gewässert und gehackt
1 Knoblauchzehe, gehackt
1 Peperoncino, gehackt, eventuell vorher entkernt

Die Spaghetti nach Vorschrift in Salzwasser garen. Alle Zutaten bis auf die Tomaten in Öl dünsten, bis die Sardellen sich auflösen. Die Tomaten dazugeben und etwa 15 Minuten bei milder Hitze weiterdünsten. Die Spaghetti unter die Sauce heben und sofort servieren.

Bucatini all'amatriciana
Bucatini nach Art von Amatrice

400 g Bucatini
Salz
400 g Tomaten, gehäutet, entkernt und gewürfelt
175 g durchwachsener Speck, nicht zu fein gewürfelt
2 Eßlöffel Olivenöl
1/2 Zwiebel, feingehackt
1 Knoblauchzehe, gehackt, nach Belieben
1/2 oder 1 ganze Peperoncino, gehackt
oder – zum Herausnehmen – ganz
Pecorino

Diese Nudeln, eine Art dicke, hohle Spaghetti, können bei dem Gericht aus der Gegend der Stadt Amatrice an der Grenze der Abruzzen zum Latium durch einfache Spaghetti ersetzt werden.

Die Bucatini nach Vorschrift in Salzwasser garen. In eine vorgewärmte Schüssel geben.
Den Speck im Olivenöl glasig dünsten; herausnehmen. Zwiebel, Knoblauch und Peperoncino in das Öl geben und dünsten, bis die Zwiebel glasig ist. Tomaten dazugeben und etwa 20 Minuten weiterköcheln. Die Sauce mit den Bucatini vermischen und mit reichlich Pecorino bestreuen. Sofort servieren.

Penne all'arrabbiata
Penne in scharfer Sauce

400 g Penne
Salz
100 g durchwachsener Speck, gewürfelt oder in Streifen
1 kleine Zwiebel, feingehackt
2 Knoblauchzehen, feingehackt
400 g Tomaten, gehäutet, entkernt und gewürfelt
1–2 Peperoncini, in feine Ringe geschnitten
10 g Butter
Pecorino

Die Penne in Salzwasser nicht völlig garen; abgießen, dabei etwas Kochwasser zurückbehalten.
Zwiebel, Knoblauch und Speck in der Butter kurz dünsten, dann Tomaten und Peperoncini dazugeben und etwa 10 Minuten weiterdünsten. Die Penne mit dem Rest des Kochwassers in die Sauce geben, 1–2 Eßlöffel Pecorino unterrühren und weiterköcheln, bis die Nudeln bißfest gar sind. Direkt in Teller anrichten und reichlich frisch geriebenen Pecorino separat anbieten.

Fettucine „Alfredo"
Hausgemachte Fettucine „Alfredo"

In den großen Zeiten von Cinecittà – damals das Hollywood am Tiber – bewirtete der Gastrostar Alfredo die Glitzeria des internationalen Films mit seinen hausgemachten Fettucine. Den Berühmtesten am Tisch zelebrierte er seine Fettucine mit goldenem Besteck.

400 g Fettucine
Salz
120 g Parmesan, frisch gerieben
100 g Butter
heiße Fleischbrühe
schwarzer Pfeffer, grob geschrotet
Muskat, nach Belieben

Die Fettucine – als Fertigware nach Packungsangabe – nach Pastagrundrezept Seite 29 in Salzwasser bißfest garen, in eine vorgewärmte Schüssel geben und eine kleine Suppenkelle Fleischbrühe darüber gießen. Sofort den Parmesan unterziehen, dann die Butter in kleinen Stücken untermischen. Mit dem Pfeffer und – nach Wunsch – mit etwas Muskat würzen und sofort servieren.

Fettucine alla trasteverina
Fettucine „Trastevere"

400 g Fettucine
1 kleine Zwiebel, gewürfelt
1 Knoblauchzehe, gehackt
Olivenöl, Butter
3 Fleischtomaten, gehäutet, entkernt und gewürfelt
125 g Krabben, küchenfertig
1 Glas Venusmuscheln (125 g)
Salz, Pfeffer, Petersilie

Die Fettucine – als Fertigware nach Vorschrift – garen. Die Zwiebel und den Knoblauch in Öl und Butter kurz andünsten, Tomaten und Krabben dazugeben und kurz weiterköcheln. Die Muscheln mit etwas Muschelfond dazugeben; kurz ziehen lassen. Mit Salz und nach Bedarf etwas Pfeffer abschmecken, Petersilie dazugeben, nochmals mischen und in einer vorgewärmten Schüssel über die Fettucine geben.

Fettucine alla ciociara
Fettucine mit Hühnerklein

400 g Fettucine
Salz
120 g Butter
50 g durchwachsener Speck, gehackt
1 kleine Zwiebel, gehackt
1 Knoblauchzehe, gehackt
2 Fleischtomaten, gehäutet, entkernt und gewürfelt
200 g Hühnerklein (Resteverwertung oder Teile eines Huhns, von dem nur Brust und Keule als Hauptgericht serviert werden)
3 mittelgroße Champignons, in Scheiben geschnitten
Frascati, Fleischbrühe und Bratenfond (Fertigprodukt)
zum Ablöschen und Abschmecken
Parmesan

Die Fettucine – als Fertigware nach Vorschrift – garen. In der Hälfte der Butter Speck, Zwiebeln und Knoblauch kurz glasig dünsten, die Tomaten dazugeben und 15–20 Minuten bei milder Hitze köcheln. Im Rest der Butter Hühnerklein und Champignons leicht bräunen, mit Wein, Brühe und Bratenfond ablöschen und abschmecken. Zu den Tomaten geben und kurz weiterköcheln. Die Nudeln unter die Sauce heben, auf Tellern anrichten und mit Parmesan bestreuen.

Fettucine alla papalina
Fettucine nach Art der Päpste

Die Heilige Stadt war LA DOLCE VITA gram. Vielleicht tat Marcello Abbuße mit zwei Pastagerichten der frommen Art?

400 g Fettucine
Salz
150 g roher Schinken, in Streifen geschnitten
1 kleine Zwiebel, feingehackt
Olivenöl
Butter
3 Eier
0,2 Liter Sahne
Pfeffer
Parmesan

Die Fettucine – als Fertigware nach Vorschrift – garen. Zwiebeln und Schinken in etwas Öl und Butter dünsten, bis die Zwiebel glasig ist. Eier, Sahne, Pfeffer und Parmesan verrühren, mit Pfeffer abschmecken und mit dem Schinken über die in einer vorgewärmten Schüssel angerichteten Nudeln geben. Mit Parmesan servieren.

Maccheroni alla pastora
Makkaroni nach Art der Hirten

400 g Makkaroni
200 g Ricotta
Salz
Pfeffer
150 g Salsiccia lucana, eine italienische Wurstspezialität,
ersatzweise 2 Landjäger, in kleine Würfel geschnitten
Pecorino

Die Makkaroni nach Vorschrift in Salzwasser garen. Ricotta mit Salz und Pfeffer cremig rühren, die Wurst unterziehen. Die Masse mit 2 Eßlöffeln vom Kochwasser der Nudeln etwas verdünnen. Die heißen Makkaroni in einer vorgewärmten Schüssel anrichten; die Sauce und reichlich frisch geriebenen Pecorino untermischen. Sofort servieren.

Gnocchi alla romana
Grießklößchen nach römischer Art

200 g Hartweizengrieß
1/2 Liter Milch, wenn nötig etwas mehr
100 g Butter
2–3 Eigelb
Parmesan

Die Milch aufkochen und den Grieß unter ständigem Rühren mit einem Holzlöffel dazugeben. Bei milder Hitze 15 bis 20 Minuten kochen. Dabei stetig weiterrühren, um ein Ansetzen des Breis zu verhindern. Vom Herd nehmen und die Hälfte der Butter unterziehen. Die Eigelbe mit etwas Milch verrühren und ebenfalls unterziehen; auch dabei ständig rühren, damit die Eier nicht stocken. Die Masse auf einen großen, flachen, leicht befeuchteten Teller geben und etwa 1 cm dick flachstreichen. Mindestens 1 Stunde auskühlen lassen. Dann auf eine Arbeitsplatte stürzen und runde Gnocchi ausstechen. Eine feuerfeste Form ausbuttern, die Klößchen in die Form legen, mit dem zerlassenen Rest der Butter begießen und im Ofen goldgelb bräunen. Anrichten und mit reichlich Parmesan bestreut servieren.

Diese Gnocchi eignen sich hervorragend als Beilage zum „Fagiano ‚Fontana di Trevi'" (siehe Seite 59).

PIZZE
PIZZEN

Totò Scalise, Sylvias (Anita Ekbergs) Produzent, beim Empfang am Flughafen Ciampino: *„Welcome in Rome! ... Die Pizza! Wird's bald?"* Zwei Kellner kämpfen sich durch die Umstehenden und präsentieren:

Pizza Napoletana
Pizza Napoli

1 vorbereiteter Pizzaboden
3 Fleischtomaten, gehäutet, entkernt und gewürfelt
50 g Mozzarella, gewürfelt
1 Sardelle, gewässert und gehackt
Oregano, gerebelt
Salz
Pfeffer
2 Eßlöffel Olivenöl

Wer sich das „süße Leben" nicht vergällen will, wird beim Pizzateig auf handelsübliche (Hefeteig-) Fertigprodukte zurückgreifen. Noch besser, wenn man einen verständnisvollen Pizzabäcker kennt, bei dem man eine Hefeteigkugel bekommen kann, die man zu Hause auf einer bemehlten Arbeitsplatte ausrollt.

Die Tomaten auf dem Pizzaboden verteilen, Mozzarella und die Sardelle auf die Tomaten geben. Salzen, pfeffern und mit Oregano bestreuen; mit Olivenöl beträufeln. Im vorgeheizten Ofen auf höchster Stufe etwa 20 Minuten backen.

Pizza romana
Pizza mit Tomaten, Mozzarella und Sardellen

Für diese Pizza werden die Tomaten nicht grob gewürfelt, sondern püriert.

Pizza Margherita
Pizza mit Tomaten, Mozzarella und Basilikum

Bei dieser Pizza in den italienischen Nationalfarben fehlt die Sardelle und der Oregano wird durch frische Basilikumblätter ersetzt. Die Tomaten werden nicht grob gewürfelt, sondern püriert.

RISO
REIS

Da LA DOLCE VITA ein im Grund eher bitterer Film
ist, soll ein Rezept an einen anderen Klassiker des
italienischen Films erinnern, an „Riso amaro" –
„Bitterer Reis".

Risotto con radicchio
Risotto mit Radicchio

300 g Reis
500 g Radicchio, in feine Streifen geschnitten
100 g Butter
100 g durchwachsener Speck, gewürfelt
1 große Zwiebel, gewürfelt
3 Eßlöffel Petersilie, gehackt
Fleischbrühe
0,2 Liter Frascati – oder nach Wahl ein Rotwein
Parmesan
Salz
Pfeffer

In der Hälfte der Butter Speck, Zwiebel, Radicchio und Petersilie
dünsten. In der anderen Hälfte den Reis leicht anrösten, mit dem
Wein ablöschen. Dann unter ständigem Rühren soviel Fleischbrühe
dazugeben, bis der Reis gar ist. Die Radicchiomischung und den
Parmesan gründlich unterziehen, mit Salz und Pfeffer abschmekken und sofort servieren.
Der bitter-herbe Geschmack des Radicchio sollte das Gericht un-
auffällig bestimmen.

Supplì al telefono
Reiskroketten mit Mozzarella

Als rasender Reporter hat Marcello ein besonderes Verhältnis zum Telefon, und den Römern sagt man nach, sie hätten ein besonderes Verhältnis zu einem Reisgericht, das sie an verheddterte Telefonkabel erinnert, weil heißer Mozzarella sich endlos zieht:

Für etwa 20 Kroketten
400 g Reis
0,2 Liter Bratenfond, Fertigprodukt
2 Eier
80 g Butter
80 g Parmesan
Salz
Für die Füllung:
1 kleine Zwiebel, sehr fein gehackt
40 g roher Schinken, gehackt
80 g gemischtes Hackfleisch
80 g Hühnerleber, gehackt
4 mittelgroße Champignons, gehackt
1 Eßlöffel Tomatenmark, in etwas Wasser angerührt
Oregano
150 g Mozzarella, gewürfelt
40 g Butter
zum Panieren:
Semmelbrösel
Öl

Den Reis in leicht gesalzenem Wasser körnig garen. Bratenfond untermischen, danach Eier, Butter und Parmesan. Auskühlen lassen. Alle Zutaten, außer Mozzarella, in der Butter etwa 10 Minuten dünsten. Abkühlen lassen.
Die Krokettenmasse portionsweise auf der Handfläche verteilen, jeweils etwas von der Füllung und einige Mozzarellawürfel daraufgeben. Kroketten formen. Mit Semmelbrösel panieren und in Öl goldbraun ausbacken.

UOVA
EIERSPEISEN

„Wenn man sie sieht, lacht einem das Herz. Wenn sie vor der Kamera steht, könnte man sie umbringen."
Billy Wilder über Anita Ekberg

Uova in trippa alla romana
Eierauflauf auf römische Art

6 Eier
4 Eßlöffel Parmesan
Salz
Pfeffer
Bratenfond
Pecorino
1 Bund Minze, gehackt

Die Eier mit dem Parmesan verquirlen und kräftig mit Salz und Pfeffer würzen. In einer leicht gebutterten Pfanne vier Eierkuchen auf beiden Seiten goldgelb backen. In feine Streifen schneiden. Diese Streifen schichtweise in eine gebutterte feuerfeste Form geben und jede Schicht mit etwas Bratenfond, Pecorino und Minze bedecken. Mit Pecorino bestreuen und im Ofen bei mittlerer Hitze etwa 10 Minuten überbacken.

Das Gericht wurde so benannt, weil die Eierkuchenstreifen wie küchenfertige Kutteln (trippa) aussehen.

Frittata alla menta
Eierkuchen mit Minze

6 Eier
1 Eßlöffel Mehl
1/2 Liter Milch
1 Bund Minze
Salz
Butterschmalz

Die Eiweiße von den Eigelben trennen und zu Eischnee schlagen; die Eigelbe verrühren und unter den Schnee heben. Mehl und Milch verrühren, bis sich eventuell gebildete Klümpchen aufgelöst haben; vorsichtig mit der Eiermasse vermischen. Leicht salzen. Die Minze fein hacken und sofort unter den Eierkuchenteig heben. In heißem Butterschmalz 4 Eierkuchen von beiden Seiten goldbraun braten. Sofort servieren.

Wichtig für das Gelingen des Gerichts aus dem Latium ist, daß die Minze frisch ist.

PESCE
FISCHE

Das Finale des Films bahnt sich an. Am Strand von Ostia bestaunt Marcello inmitten einer Gruppe von Freunden und Fischern einen unförmigen, rochenähnlichen Fisch. Als Fischgericht würde er der Einfachheit halber Schwertfisch vorziehen:

Pesce spada „Ostia"
Schwertfisch nach Art von „Ostia"

1 Scheibe Schwertfisch, in vier Portionen zerteilt
0,2 Liter Olivenöl
Salz
Pfeffer
Zitronensaft
1 kleine Zwiebel, feingehackt
2 Knoblauchzehen, feingehackt
2 Eßlöffel Petersilie, feingehackt
0,2 Liter Frascati
einige Petersilienblätter
einige Zitronenachtel

Den Fisch in einer Glasform mit dem Öl beträufeln, salzen und pfeffern und etwas Zitronensaft dazufügen. Zwiebel, Knoblauch und Petersilie auf den Stücken verteilen. Mit Wein begießen. Die Form mit Alufolie verschließen, den Deckel aufsetzen und das Gericht bei mittlerer Hitze im Ofen etwa 30 Minuten garen. Anrichten und mit Petersilie und Zitronenachteln garniert servieren.

Seppie al pomodoro
Tintenfische in Tomatensugo

12 kleine Tintenfische, küchenfertig
0,2 Liter Olivenöl
3 Fleischtomaten, gehäutet, entkernt und gewürfelt
3 Knoblauchzehen, gehackt
3 Eßlöffel Petersilie, feingehackt
0,2 Liter Frascati
Salz
Pfeffer

Die Tintenfische bei milder Hitze im Öl anbraten, die Tomaten, den Knoblauch und die Petersilie dazugeben und mit dem Wein ablöschen. Salzen und pfeffern. Etwa 30 Minuten sanft köcheln lassen. Wenn nötig, noch etwas Wein dazugeben. Sofort servieren.

Sogliola alla mugnaia
Seezunge Müllerin Art

Pro Person:
1 küchenfertige, mittelgroße Seezunge
20 g Butter
Salz
Pfeffer
1 Eßlöffel Petersilie, feingehackt
Zitronenachtel

Die Hälfte der Butter in einer Pfanne leicht aufschäumen lassen und die Seezunge bei milder Hitze von jeder Seite etwa 5 Minuten goldgelb bräunen. Leicht salzen und pfeffern. Auf einem vorgewärmten Teller anrichten, mit Petersilie bestreuen und mit dem Rest der Butter, die in der Pfanne zerlassen wurde, beträufeln. Mit Zitronenachteln garnieren.

CARNI
FLEISCHGERICHTE

„Der junge Federico Fellini lebte selbst wie die ‚Vitelloni' (ein anderer Klassiker des italienischen Films), die ‚großen Kälber', junge Italiener, die ihren Eltern auf den Taschen liegen und ihre Tage lieber in Billardsälen und Bars als mit Arbeit verbringen."
Pressenotiz über den Regisseur

Zampi di vitello „Fellini"
Kalbsfüße „Fellini"

4 Kalbsfüße, küchenfertig vom Metzger
Suppengemüse
Bouquet garni (Petersilie, Thymianzweig, Lorbeerblatt)
0,2 Liter Olivenöl, 50 g Butter
3 Fleischtomaten, gehäutet, entkernt und gewürfelt
1 Peperoncino, in feine Ringe geschnitten
Salz
Knoblauch, durchgepreßt, nach Belieben
Pecorino

Die Kalbsfüße mit dem Suppengemüse und dem Bouquet garni 2–3 Stunden kochen, bis sich das Fleisch leicht lösen läßt. Das Fleisch in Öl und Butter leicht bräunen; mit etwas Kochflüssigkeit ablöschen. Tomaten und Peperoncino dazugeben, mit Salz abschmecken und etwa 10 Minuten bei milder Hitze köcheln. Wenn nötig, noch etwas Flüssigkeit – eventuell einen Schuß Frascati – dazugeben, nach Belieben Knoblauch. Mit reichlich Pecorino bestreut servieren.

Saltimbocca alla romana
Kleine Kalbsschnitzel mit Schinken

8 dünn geschnittene Kalbsschnitzel
8 Scheiben Parmaschinken – ersatzweise anderer Rohschinken
8 Blätter Salbei
80 g Butter
Salz
Pfeffer
0,3 Liter trockener Marsala

Die Schnitzel mit je einem Salbeiblatt und einer Scheibe Schinken belegen; mit einem Zahnstocher zusammenstecken. In der heißen Butter zunächst von der Fleisch-, dann von der Schinkenseite her leicht bräunen. Vorsichtig salzen und pfeffern. Je 2 Schnitzel auf einem vorgewärmten Teller anrichten. Den Bratensatz mit Marsala loskochen, gegebenenfalls noch etwas kalte Butter unter die Sauce ziehen und die Schnitzel mit der Sauce begießen.

Bracciolette a scottadito
Gegrillte Lammkoteletts

8 Lammkoteletts
0,2 Liter Olivenöl
2 Teelöffel Oregano, gerebelt
Salz
Pfeffer
Knoblauchzehen, nach Belieben

Die Lammkoteletts im Öl mit den Gewürzen marinieren; mindestens 2 Stunden, je länger desto besser. Dann – wenn möglich – über Holzkohle grillen. Knoblauchfreunde geben kurz vor Ende des Garvorgangs noch etwas durchpreßten Knoblauch dazu.
Wer die Koteletts stilecht aus der Hand ißt, wird sich – wie der Name des Gerichts sagt – am Knochen die Finger verbrennen.

Coda di vaccinara
Ochsenschwanzragout

1 kg Ochsenschwanz, küchenfertige Stücke
0,2 Liter Olivenöl
50 g durchwachsener Speck, gewürfelt
2 Karotten, gewürfelt
2 Stangen Sellerie, gewürfelt
1 große Zwiebel, gewürfelt
2 Knoblauchzehen, gehackt
3 Eßlöffel Petersilie, gehackt
2 Eßlöffel Tomatenmark
1 Teelöffel Oregano, gerebelt
Frascati
Salz
Pfeffer

Den Ochsenschwanz möglichst in einer Steingutform in Öl anbraten, den Speck, dann die Gemüse, Petersilie, Tomatenmark und Oregano dazugeben. Mit Frascati ablöschen, salzen und pfeffern. 2–3 Stunden, eventuell länger, bei milder Hitze zugedeckt köcheln. Wenn nötig, gelegentlich etwas Wein nachgießen.

Heiß servieren.

Manche Rezepte sehen für das Ragout auf typisch römische Art vor, daß Sultaninen und Pinienkerne mitgegart werden.

Lombello arrosto
Schweinefleisch nach römischer Art

500 g Schweinefilet
300 g Parmaschinken oder anderer Rohschinken
1 Baguette
Schweineschmalz
Salz
Pfeffer

Filet, Schinken und Baguette in fingerdicke Scheiben schneiden. Abwechselnd auf einen Bratspieß stecken, salzen, pfeffern und mit zerlassenem Schmalz begießen. Etwa 20 Minuten grillen, am besten über Holzkohle.

Scaloppe di vitello „Café de Paris"
Kalbsschnitzel „Café de Paris"

4 Kalbsschnitzel
0,2 Liter Olivenöl
40 g Butter
1 kleine Zwiebel, feingehackt
2–3 Eßlöffel Sahne
Frascati
Salz
Pfeffer

Die Schnitzel in Öl und Butter braten. Auf vorgewärmten Tellern anrichten. Die Zwiebel in die Bratpfanne geben und glasig dünsten. Mit Sahne und Wein ablöschen. Salzen, pfeffern und die Schnitzel mit der Sauce begießen.

Fegato „Via Veneto"
Kalbsleber „Via Veneto"

Die Via Veneto ist die „Hauptstraße" von LA DOLCE VITA. Einer der Schauplätze des Films war dort das „Café de Paris", in dem man vielleicht auch eine venezianische Spezialität bestellen konnte: „Fegato alla veneziana", hier serviert als „Fegato ,Via Veneto'".

4 Scheiben Kalbsleber, je etwa 150 g
4 mittelgroße Gemüsezwiebeln, in feine Scheiben geschnitten
4 Eßlöffel Olivenöl
20 g Butter
Salz
Pfeffer

Die Kalbsleber in nicht zu dünne Streifen schneiden. Die Zwiebeln in Öl und Butter bei sehr milder Hitze etwa 10 Minuten dünsten, bis sie fast zerfallen. Die Hitze leicht erhöhen und die Leberstreifen dazugeben. Salzen, pfeffern und noch etwa 5 Minuten garen. Venezianische Leber wird traditionell mit Polenta serviert. In der Via Veneto richtet man sie mit „Gnocchi alla romana" (siehe Seite 37) an, bei denen man dann auf den Parmesan verzichten kann.

Stufato di muscolo
Kalbswadenragout

Busenstar Sylvia provoziert Marcello durch einen erotischen Tanz
mit dem bodygebuildeten „Mister Muscolo", und der bezog seine
Kraft vielleicht aus

600 g Kalbfleisch von der Wade, mundgerecht zerteilt
Mehl
0,2 Liter Olivenöl
50 g Butter
2 Knoblauchzehen, gehackt
2–3 Eßlöffel Tomatenmark
3–4 Eßlöffel Petersilie, gehackt
Frascati
Salz
Pfeffer
4 Austernpilze, in Streifen geschnitten
Zitronensaft oder durchgepreßter Knoblauch
Petersilie gehackt

Das Fleisch mit Mehl bestäuben und in Öl und Butter bräunen.
Knoblauch dazugeben und kurz glasig werden lassen. Tomatenmark
und Petersilie dazugeben, Hitze leicht erhöhen und mit Wein
ablöschen. Etwa 10 Minuten bei milder Hitze weiterköcheln. Mit
Salz und Pfeffer abschmecken und heiß servieren. Als Beilage die
in Butter gedünsteten, leicht gesalzenen und gepfefferten Pilze, die
man wahlweise noch mit etwas Zitronensaft oder durchgepreßtem
Knoblauch würzen kann. Mit Petersilie bestreuen.

Involtini „Dolce Vita"
Kalbsrouladen mit Aurorasauce

4 dünne Kalbsrouladen
4 Scheiben Parmaschinken oder anderer Rohschinken
100 g Kalbsleberwurst
100 g Krabben, küchenfertig
2 Fleischtomaten, gehäutet, entkernt und gewürfelt
Basilikumblätter, fein zerzupft
Salz
Pfeffer
Olivenöl
Butter

Die Rouladen mit je einer Scheibe Schinken belegen, den Schinken dünn mit Kalbsleberwurst bestreichen. Mit den Krabben, den leicht gesalzenen und gepfefferten Tomaten und Basilikum belegen. Die Rouladen aufrollen; mit Zahnstocher feststecken oder mit Küchengarn festbinden. Salzen, pfeffern und in Öl und Butter in etwa 15 Minuten garen.
Dazu eine nicht ganz klassische

Salsa Aurora
Aurorasauce

0,2 Liter Kalbsfond (Fertigprodukt)
0,2 Liter Sahne
Frascati
Basilikum, feingezupft

Fond, Sahne und einen Schuß Wein leicht einkochen; Basilikum dazugeben.

Coniglio „Marcello Mastroianni"
Kaninchen „Marcello Mastroianni"

Stammte Marcello aus dem Uradel der Latin lovers, wäre sein Wappentier wohl das Karnickel. Zwar bewegt er sich stets leicht frustriert durch den Film, doch es würde ihm wohl munden.

1 junges Kaninchen, in 8 Stücke zerteilt
200 g Hühnerleber (besser Kaninchenleber, zumindest zur Hälfte)
Olivenöl
Butter
3–4 Zweige Tymian
4 Knollen (nicht Zehen!) Knoblauch
Salz
Pfeffer
Frascati, nach Belieben

Die Kaninchenteile salzen und pfeffern. In einer ofenfesten Kasserolle in Öl und Butter leicht anbraten; die Leber kurz mitbraten. Thymianzweige und Knoblauchknollen dazugeben. Soviel Wasser angießen, bis die Fleischteile zur Hälfte bedeckt sind. Die Kasserolle, deren Deckel gut schließen muß, bei mittlerer Hitze in den Ofen geben. Die Garzeit kann 1 1/2 Stunden betragen, längere Garzeiten intensivieren den Geschmack. Die Kaninchenteile herausnehmen. Thymian entfernen. Die Leber und die Knoblauchknollen durch eine Moulinette (Flotte Lotte) – notfalls durch ein Sieb – treiben. Sollte sich etwas Bratensatz gebildet haben, die Masse dazugeben und mit etwas Wasser oder einem Schuß Frascati ablöschen. Wer die rustikale Sauce veredeln will, schlägt noch einige Stücke kalter Butter darunter. Die warmgestellten Kaninchenteile mit der Sauce überziehen und servieren.

Pollo alla romana
Hühnchen auf römische Art

In Erinnerung an eine Nebenfigur, die Dame, die das Poulet ißt.

1 Huhn von etwa 1 kg, zerteilt
50 g roher Schinken, gewürfelt
20 g Schweineschmalz
3 Eßlöffel frischer Oregano, gehackt, oder
1/2 Teelöffel gerebelter Oregano
1 Knoblauchzehe, gehackt
0,4 Liter Frascati
5 Fleischtomaten, gehäutet, entkernt und gewürfelt
Salz
Pfeffer
eventuell etwas Fleischbrühe

Den Schinken in einer großen Pfanne im heißen Schweineschmalz kurz dünsten, dann die gesalzenen und gepfefferten Hühnerteile dazugeben und kräftig bräunen. Oregano und Knoblauch dazugeben und mit Frascati ablöschen. Die Tomaten hinzufügen, kurz aufkochen, dann zugedeckt etwa 20 Minuten garen. Wenn nötig, noch etwas Fleischbrühe angießen, doch soll die Sauce stark eingekocht sein.

Trippa alla romana
Kutteln auf römische Art

1 kg Kutteln, vorgekocht und in Streifen geschnitten

Für dieses typische Gericht der römischen Küche können die küchenfertig vorbereiteten Kutteln entweder in einer Tomatensauce oder in einem Fleischsugo zu Ende gegart werden. Wichtig ist eine möglichst lange Garzeit auf kleiner Hitze, da die Kutteln Zeit brauchen, die Aromen der jeweiligen Sauce aufzunehmen. Die erste Möglichkeit:

Salsa pomodoro
Tomatensauce

5 Fleischtomaten, gehäutet, entkernt und gewürfelt
1 Karotte, feingewürfelt
1/2 Stange Sellerie, feingewürfelt
1 kleine Zwiebel, feingewürfelt
1 Knoblauchzehe, gehackt
3 Eßlöffel frisches Basilikum, feingezupft
Frascati
Salz
Pfeffer
Olivenöl

Karotte, Sellerie, Zwiebel und Knoblauch in Öl kurz andünsten. Tomaten und Basilikum dazugeben, kurz weiterdünsten und mit etwas Frascati ablöschen. Leicht salzen und pfeffern und dünsten, bis die Tomaten zerfallen. Die Sauce durch ein Sieb passieren. Wegen der langen Garzeit für das Kuttelgericht sollte die Sauce zunächst nicht zu stark einkochen.

Die zweite Möglichkeit:

Sugo di carne
Fleischsauce

200 g Rinderhack
Butterschmalz
1 Karotte, feingewürfelt
1/2 Stange Sellerie, feingewürfelt
1 kleine Zwiebel, feingewürfelt
1 Knoblauchzehe, gehackt
3 kleine Fleischtomaten, gehäutet, entkernt und gewürfelt
1 Zweig Rosmarin
einen kräftigen Rotwein zum Ablöschen
Salz
Pfeffer

Der Fleischsugo wird im Prinzip wie die „Salsa pomodoro" gekocht, nur werden zunächst etwa 200 g Rinderhack in Butterschmalz angebraten. Zum Ablöschen verwendet man einen kräftigen Rotwein und anstelle von Basilikum gibt man einen Zweig Rosmarin dazu. Wie erwähnt, werden die Kutteln in einer dieser Saucen zu Ende gegart, und zwar möglichst lange, mindestens eine Stunde. Es kann nötig sein, immer wieder etwas Fleischbrühe nachzugießen, doch soll die Sauce am Ende stark eingekocht sein.

Getrennt gereicht wird reichlich frisch geriebener Parmesan oder Pecorino, vermischt mit frischer, gehackter Minze, wovon beim pikanteren Pecorino mehr nötig ist.

Petto d'anatra „Anita Ekberg"
Entenbrüstchen „Anita Ekberg"

Diese grün-weiß-rote Kombination soll eine hinreichende Hommage Anita Ekbergs an ihr damaliges Gastland sein, der Dill Erinnerung an ihr Geburtsland Schweden.

Für zwei Portionen:
2 Entenbrüstchen
Salz
Pfeffer
Olivenöl
Butter
1 kleine Zwiebel, feingehackt
Frascati
20 g Ricotta
0,2 Liter Sahne
5 Eßlöffel frische Dillblättchen, gezupft
etwas Basilikum, gezupft
Salsa pomodoro (siehe Seite 56)

Die Entenbrüstchen salzen und pfeffern. In etwas Olivenöl und Butter zuerst auf der Hautseite 5 Minuten, dann auf der Fleischseite 2–3 Minuten braten. Warmstellen.
Die gehackten Zwiebeln im Bratenfond kurz dünsten und mit einem Schuß Frascati ablöschen. Den Ricotta mit der Sahne verrühren und dazugeben. Mit Salz und Pfeffer abschmecken und Dill und Basilikum hinzufügen.
Die Entenbrüstchen in Scheiben schneiden. Auf zwei vorgewärmten Tellern anrichten, mit „Salsa pomodoro" umgießen und mit der Sahnesauce überziehen.

Fagiano „Fontana di Trevi"
Fasan „Fontana di Trevi"

DON GIOVANNI, der jüngste der fürstlichen Partygastgeber, zu Marcello: *„In diesem Jahr haben wir zweitausend Fasane in unserem Jagdrevier ausgesetzt. Warum kommen Sie nicht öfter mal? Gehen Sie gern auf die Jagd?"* MARCELLO (leidenschaftslos): *„Leidenschaftlich gern."*

1 junger Fasan, in zwei Hälften zerlegt
Salz
Pfeffer
4 Salbeiblätter
Speckscheiben
Olivenöl
Butter
Frascati
weiße Weintrauben, halbiert und entkernt

Die Fasanenhälften salzen, pfeffern, mit je zwei Salbeiblättern belegen und mit den Speckscheiben abdecken.

In einer ofenfesten Form etwas Olivenöl und Butter leicht erhitzen, die Fasanenhälften dazugeben und im Ofen bei mittlerer Hitze etwa 45 Minuten garen. Speckscheiben und Salbeiblätter entfernen und den Fasan auf zwei vorgewärmten Tellern anrichten. Überschüssiges Fett abgießen, den Bratensatz mit einem Schuß Frascati loskochen; die vorbereiteten Weintrauben kurz im Fond erhitzen und die Fasanenhälfte mit der Sauce beträufeln.

Als Garnitur – anstelle der „Drei Münzen im Brunnen", die Rückkehr nach Rom garantieren sollen – eignen sich je drei „Gnocchi alla romana" (siehe Seite 37) oder je drei „Melanzane e pomodoro" (siehe Seite 27).

DOLCI
SÜSSE LECKEREIEN

„Der schönste Tag meines Lebens war eine Nacht", gesteht der extravagante Star Sylvia (Anita Ekberg) in einer Pressekonferenz nach ihrer Ankunft in Rom.

Obwohl die Herstellung italienischer Süßspeisen im Gegensatz zur Einfachkeit anderer typischer Gerichte meist langwierig ist, sind sie das unverzichtbare i-Tüpfelchen für das echte „süße Leben".

Zabaione
Weinschaum

6 Eigelb
150 g Zucker
0,2 Liter trockener Marsala
Schale von 1/2 Zitrone, unbehandelt, gerieben
Zimt
Vanillezucker
0,2 Liter Sahne
kandierte Früchte

Eigelb und Zucker im Wasserbad schaumig schlagen. Marsala, Zitrone, Zimt und Vanillezucker dazugeben und weiterschlagen, damit die Masse nicht zusammenfällt. Leicht abkühlen lassen, dann die geschlagene Sahne vorsichtig unterziehen. In Glasförmchen füllen und etwa 1 Stunde kühl stellen. Mit kandierten Früchten garnieren.

Ein moderner, imperialer Klassiker, das „Tirami sù", geht auf eine einfache Rezeptur zurück:

Crema di Mascarpone
Mascarponeschaum

3 Eier
200 g Mascarpone
100 g Zucker
2 Eßlöffel trockener Marsala
2 Eßlöffel Grappa – nach Belieben Cognac oder Rum
1 Tasse Espresso
geriebene Schokolade

Eiweiß und Eigelb trennen, die Eigelbe mit dem Zucker schaumig schlagen. Den Mascarpone gründlich untermischen und Marsala, Grappa und Espresso dazugeben. Das zu Schnee geschlagene Eiweiß unterziehen; darauf achten, daß die Masse schaumig bleibt. In gekühlte Glasformen füllen, mit der Schokolade bestreuen und 1 Stunde kühl stellen.

Die sonst ins „Tirami sù" integrierten Löffelbiskuits kann man zum Löffeln der „Crema" verwenden.

Pesca al forno
Pfirsiche mit Amaretto

8 Pfirsichhälften, frisch und sehr scharf oder aus der Dose
80 g Mandelkekse
80 g Zucker
1 Eigelb
0,1 Liter Amaretto
0,1 Liter Frascati
10 g Butter, zerlassen
kandierte Früchte
8 Mandeln, geschält

Das süßeste Dessert ist ganz einfach zuzubereiten:
Etwas Fruchtfleisch aus den Pfirsichhälften schälen und mit den zerkrümelten, mit Amaretto getränkten Mandelkeksen mischen. Einige Mandelkekse auf die Seite legen. Eigelb und Zucker schaumig rühren; die Mandelmasse darunterziehen und in die Pfirsichhälften füllen. Die zerlassene Butter in eine Auflaufform geben, die Pfirsichhälften dazugeben, mit dem Frascati begießen und im Ofen bei mittlerer Hitze etwa 15 Minuten erhitzen. Auf vorgewärmten Tellern anrichten und mit den geschälten Mandeln, einigen Mandelkeksen und den kandierten Früchten garnieren.

Sorbet LA DOLCE VITA

4 Kugeln Pistazieneis (aus der italienischen Eisdiele)
0,8 l Campari
0,8 l Orangensaft
Basilikum

Jeweils in einer flachen Sektschale 1 Kugel Pistazieneis mit 0,2 Liter Campari und 0,2 Liter Orangensaft begießen und mit etwas frischem, kleingezupftem Basilikum bestreuen.
Sorbet LA DOLCE VITA kann auch zwischen den Gerichten gereicht werden.

AUSKLANG

Gleich, ob ein italienisches Essen mit Süßem endet oder mit einer
kleinen Käseauswahl – ein starker schwarzer Kaffee, vielleicht ein
doppelter Espresso, weckt die unter mehreren Gängen begrabenen
Lebensgeister. Und ein – doppelter? – Grappa als Digestif kann
den „Einstieg in den Tag" (siehe Seite 9) fördern.